LA
RHETORIQVE
DV
PRINCE.

CVRVATA RESVRGO

A PARIS,

Chez AVGVSTIN COVRBE' au Palais,
dans la Gallerie des Merciers,
à la Palme.

─────────────

M. DC. LI.

AVEC PRIVILEGE DV ROY.

Extrait du Privilege du Roy.

PAR Lettres patentes fignées par le Roy en fon Confeil, Conrat, & feellées; Il eft permis à M. D. L. M. L. V. de faire imprimer par tel Imprimeur qu'il voudra choifir, *La Rhetorique du Prince*, en vn ou plufieurs volumes, auec tres expreffes deffences à tous autres de les imprimer ny vendre, durant le temps & efpace de cinq ans entiers, à compter du iour que ledit liure fera acheué d'imprimer pour la premiere fois, fans le confentement dudit S^r. D. L. M. V. à peine de deux mille liures d'amande, applicables vn tiers au Roy, vn tiers à l'Hoftel Dieu de Paris, & l'auꞓre tiers au Libraire que l'Exposée aura choiſi, de confiſcation des Exemplaires, & de tous deſpens, dommages & intereſts, comme il eſt plus au long contenu auſdites lettres de Priuilege. Donné à Paris le 20. iour de Mars, l'an de grace 1651.

Et ledit Sieur D. L. M. L. V. a conſenti qu'Auguſtin Courbé, Marchand Libraire à Paris, ioüiſſe dudit Priuilege, ainſi qu'il a eſté accordé entr'eux.

Acheué d'imprimer pour la premiere fois, le 4. iour d'Aouſt 1651.

Les Exemplaires ont eſté fournis.

TABLE

DES CHAPITRES.

32

TABLE DES CHAP.

FIN.

Fautes survenuës à l'Impression.

Page 41. ligne 1. effacez *pris.*

P. 43. l. 8. *releuée*, lisez, *esleuée.*

P. 48. l. 7. *& prologent,* lisez, *en prologeant.*

P. 92. l. 7. *negliger,* lisez, *mespriser.*

LA
RHETORIQVE
DV
PRINCE.

CHAPITRE PREMIER.

Ce que c'est que la Rhetorique,
& en quoy elle consiste.

A Rhetorique est l'Art
de bien-dire, & la Scien-
ce qui nous apprent
à parler éloquemment de toutes choses. Il est vray que ces

A

choſes ne doiuent auoir rien de
mauuais-en elles, ſi l'Eloquence
eſt bien definie par Ciceron, vne
belle explicatiõ des penſées d'vn
homme ſage ; & ſi le meſme au-
theur, auec Quintilien, ont eu
raiſon de faire entrer la pru-
d'hommie dans la definition de
leur parfait Orateur, *Orator eſt
uir bonus dicendi peritus* , l'Orateur eſt vn homme de probité,
qui dit en bons termes tout ce
qu'il veut dire. Quand on emploie les preceptes de la Rhetorique en faueur du vice, elle n'eſt
pas reſponſable du crime de ſon
Artiſan, non plus que la Medecine, ou quelque autre ſcience,
des fautes de ceux qui appliquent
mal ce qu'ils tiennent d'elles.

L'Art des Rheteurs ſe diuiſe en

quatre parties, dont la premiere
regarde l'inuention; la seconde,
la difposition; la troifieme, l'e-
locution; & la quatriefme, la prononciation. Car pour ce qui eft
de la memoire, dont quelques-
vns font vne cinquiefme partie,
elle eft neceffaire par tout, auffi
bien que le iugement, ce qui
m'empefche de la confiderer fe-
parement.

Ces quatre parties s'emploient
dans toute forte de difcours ou
d'oraifons, dont la Rhetorique
a trois genres principaux, le Demonftratif, le Deliberatif, & le
Iudiciaire. Ce font les termes de
l'Efchole.

Le genre Demonftratif s'emploie lors qu'il eft queftion de
loüer, ou de blafmer quelque
chofe.   A ij

Le Deliberatif, quand-nous voulons perſuader, ou diſſuader.

Et le Iudiciaire, toutes les fois que nous entreprenons d'accuſer, ou de deffendre quelqu'vn.

Beaucoup de Rheteurs ont voulu dire, apres Ariſtote, que le genre Demonſtratif eſtoit du tems preſent; le Deliberatif, du futur; & le Iudiciaire, du paſſé. Mais cela ſe trouue mieux imaginé, que veritable : Parce qu'en effet lors que pour loüer quelqu'vn dans le genre Demonſtratif, on dit les belles actions qu'il a faittes, elles ne ſont pas renduës plus preſentes; que les mauuaiſes qu'a commiſes celuy que nous accuſons, quand nous les examinons dans le genre Iudiciaire. La diſtribution par les

trois genres d'Oraison de ce qui
est honneste, vtile, ou iuste, n'est
pas plus propre, ni establie sur
vn plus solide fondement.

Sur quelque genre que l'Orateur s'exerce, il tasche d'arriuer
à son but par trois moyens, qui
sont d'enseigner, d'esmouuoir,
& de plaire. Et ces trois moyens
sont tellement de sa charge, que
pour peu qu'il s'en esloigne, il
peche notablement contre les
regles de sa profession, & nuit à
son premier dessein de persuader ou d'estre creu.

Examinons maintenant les
quatre parties de la Rhetorique,
& commençons par la premiere
qui est l'Inuention.

CHAPITRE. II.

De l'Inuention Oratoire.

L'INVENTION Oratoire eſt la recherche des argumens qu'on peut apporter pour prouuer, ou rendre probable vne choſe dont il eſt queſtion.

Ces argumens ſe prennent de pluſieurs lieux dont les Rheteurs ont fait des Tables, & des Traittez, auſſi bien que les Logiciens. Car outre que toutes les Sciences ſe communiquent beaucoup de choſes les vnes aux autres, la Rhetorique a particulierement tant de rapport à la Logique, que

Zenon comparoit la premiere au poing fermé, & la seconde à la main ouuerte & estenduë. En effet ce que les Dialecticiens disent serremét, & en peu de mots, les Orateurs l'estendent, & l'amplifient, quoy que les vns, & les autres puisent leurs argumens de mesmes lieux, nommez Topiques dans toutes les deux professions. Les Categories, & les Topiques d'Aristote ne font pas plus propres à la Philosophie, que les liures *de Inuentione* de Ciceron & ses Topiques sont de l'art Oratoire. Que s'il y a eu des Philosophes tels que les Stoïciés, & les Epicuriens, qui nonobstant ce rapport ont esté tres-mal propres à l'Eloquence, dont ils tesmoignoient mesme auoir de l'a-

uerſion: Les Peripatetiques en re-
compence , & ceus de l'Acade-
mie, ont ſouuent meſlé les dou-
ceurs de la Rhetorique parmi
leurs plus ſeueres raiſonnemens.

Or cette partie de l'Inuention
a d'autant plus de beſoin d'eſtre
aidée par la Philoſophie, que ſi
elle ne lui fournit les bonnes penſées ſur chacun des lieus que l'O-
rateur doit conſiderer, il luy eſt
impoſſible de paruenir iamais à
la veritable Eloquence, ni qu'il
puiſſe rien faire de conſiderable
aux autres parties que nous exa-
minerons apres celle-cy.

C'eſt pour cela qu'on n'enſei-
gnoit autrefois la Rhetorique
qu'apres la Philoſophie, & que
ces deus facultez n'auoient qu'vn
meſme precepteur, qui apprenoit

à dire en bons termes, & de bonne grace, ce qu'on auoit bien
conçeu auparauant.

Car d'emploier de belles paroles à debiter des choses de
neant, c'est estre ridicule en per-
dant le temps; & l'on se degou-
ste encore plus de semblables
discours, que d'entendre chan-
ter sans paroles de simples notes
qui n'ont nulle signification.

Cette comparaison nous peut
faire souuenir d'vne obseruation
que fait Plutarque sur le mesme <sup>I. de au-
dit.</sup> suiet, que souuent on ne remarque pas toutes les fautes des
pensées, ni tout ce qui manque
au raisonnement de ceux qui par-
lent auec beaucoup d'éloquence;
non plus, dit-il qu'on ne s'apper-
çoit gueres des vices ni des iné-

galitez d'vne voix qui chante
auec la flutte, ou qui eft foufte-
nuë par l'harmonie de quelque
autre inftrument. Mais cela mon-
ftre pluftoft les forces de l'éloquence , qu'il ne iuftifie le vice
d'vn difcours qui n'a pas affez de
folidité.

Quand les Egyptiens publie-
rent que Mercure le Dieu de l'E-
loquence, aimoit entre tous les
Oifeaux cét Ibis dont ils faifoient
Elian l 10
de h:ft.
tant de cas, c'eftoit à caufe que fes
2n c. 29
plumes noires reprefentoient noftre difcours interieur, & le merite de nos penfées; fans lequel
toutes nos paroles pour élegan-
tes qu'elles foient, & tout noftre
difcours exterieur, dont les plumes blanches de l'Ibis eftoient le
fymbole, n'auroient rien de confiderable.

L'on peut encore iuger quelle est l'importance des bonnes penſées que nous peuuent donner les regles de l'Inuention Oratoire dont nous traittons, puiſque tous les maiſtres de l'art conuiennent en ce point, que c'eſt l'abondance de ces meſmes penſées qui cauſe l'affluance des paroles, & la facilité de l'expreſſion, *rerum copia, verborum copiam gignit,* liu. 3. de Orat. dit Ciceron. Il n'y a perſonne qui ne ſoit éloquent aus choſes qu'on s'eſt bien imaginées, comme Socrate le ſouſtenoit autrefois fort raiſonnablement. Et quiconque a ſuffiſamment medité ſur vn ſuiet, ne demeurera iamais court faute de termes propres à s'en expliquer commodement & d'vne belle maniere.

Horat. de
arte poët.

Verbáque præuisam rem haud in-
uita sequentur,

les paroles ſuiuront d'elles-meſ-
mes, & ſe preſenteront comme
en foule pour ſeruir de truche-
ment à l'eſprit, toutes les fois
qu'il aüra bien conçeu quelque
choſe d'importance.

Pour trouuer donc ces mate-
riaus ſpirituels qui doiuent former nos raiſonnemens & nos argumens probables, la Rhetorique nous propoſe des lieus dont
les vns ſont nommez generaus,
parce qu'ils ſeruent à toute ſorte
de queſtions ou de diſcours; & les
autres particuliers ou ſpeciaux,
d'autant qu'on les emploie chacun preciſement, & ſeparement,
dans l'vn des trois genres d'oraiſ͠o
que nous auons deſia nommez.

Mais il faut establir pour constant, que tous les lieus Oratoires sont fondez principalement sur la science, & sur les belles lettres, qu'on doit tenir pour la source de cette Inuention des Rheteurs dont nous parlons. C'est pourquoi l'estude des bons liures est absolument necessaire, auec la connoissance de la Philosophie, comme nous venons de le dire.

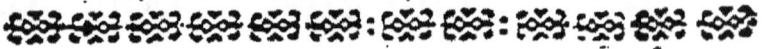

CHAPITRE III.

Des lieux generaux dont ſe ſert la Rhetorique.

LEs lieus generaus où ſe cher-
chent, & ſe prennent les matieres
d'vn diſcours, ſont,

Premierement la definition,
ou deſcription de la choſe dont
l'on veut traitter.

Secondement, l'enumeration
ou dénombrement des parties
dont elle eſt compoſée.

En troiſieſme lieu la conſide-
ration de ſon nom, & meſme de
ſes Synonimes.

4. Le Genre dont elle eſt, &
ſon eſpece.

5. Les quatre caules qui la regardent, la Materielle, la Formelle, l'Efficiente, & la Finale.

6. Ses effects.

7. Ce qui luy eft oppofé, repugnant, ou contraire.

8. Ce qui luy eft femblable, ou diffemblable.

9. Les chofes qui luy font foufmifes, & celles qui luy font adiointes.

10. Les chofes antecedentes, & les confequantes.

11. La comparaifon de ce qui eft plus grand qu'elle, moindre ou efgal.

12. L'authorité humaine ou diuine là deffus, & les tefmoignages qu'on a de l'vn, & de l'autre endroict.

La Logique, comme beau-

coup plus concise, a compris tous
ces lieus generaus en ce vers He-
xametre,

Quis? quid? vbi? quibus auxilijs?
cur? quomodo? quando?

On le peut rendre en François
en changeant vn peu l'ordre.

Qui? quoy? par quel moien? ou?
quand? pourquoy? comment?

Et si l'on y veut prendre garde, l'on trouuera que tous les lieus
de la Rhetorique dont nous
auons parlé, auec ce qui s'y peut
adiouster, sont compris & comme enuelopez dans ces sept de
la Dialectique.

CHA-

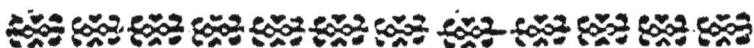

CHAPITRE IV.

*Des lieus particuliers qu'on emploie
dans le genre Demonstratif.*

LEs lieus particuliers ou spe-
ciaux se prennent diuersement
selon les trois genres d'Oraison,
dont le premier, qui est le Demonstratif, comprenát la loüange qu'on peut donner aux choses
animées ou inanimées, il faut
voir premierement les lieus propres à loüer ou à diffamer les
personnes.

L'on cherche leur loüange, ou
leur blasme,

Premierement dans leur Pa-

trie, selon qu'elle est de considera-
ration, ou autrement, & selon le
nombre des hommes renommez
par leurs vertus, ou par leurs vices, qui en sont venus.

Secondement dans leurs Pa-
rens, sur tout par le merite, ou
demerité de leurs Peres, Meres,
& ayeuls.

En troisiesme lieu dans leur
education, & institution; où l'on
considere auec quel soin, ou quelle negligence, ils ont esté esleuez.

4. Dans leur constitution cor-
porelle, qui regarde la beauté ou
la difformité du corps, à cause
mesme du rapport qu'elles ont
souuent à celles de l'ame.

5. Dans leurs mœurs loüables,
ou vicieuses; & autres conditions
de l'esprit.

6. Dans leur genre de vie, &
leur profeſſion, à proportion de
ce qu'elle eſt vile, ou releuée, &
qu'on l'a bien ou mal exercée.

7. Dans les trauerſes ou proſ-
peritez de la Fortune, qui s'eſt
pleuë à les fauoriſer, ou à les opprimer autant qu'elle a peu.

8. Dans leurs actions bonnes
ou mauuaiſes, qui eſt le plus beau,
le plus propre, & le plus puiſſant
lieu de tous, ſur tout lors qu'on
peut deſcrire des exploits mili-
taires, & des geſtes Heroïques.

9. Dans leur genre de mort,
qui a ſouuent beaucoup de rapport à leur vie precedente.

10. Dans les circonſtances qui
ont precedé, & ſuiui ce dernier
article de leur vie.

Il y a pluſieurs choſes inanimées qui fe peuuent auffi loüer ou blafmer, comme les villes, les païs, les baftimens, les iardins, les riuieres, & chofes femblables, où l'on emploie des lieus, dont on peut reconnoiftre l'vfage par ceus que nous allons donner touchant la loüange d'vne ville : Son blafme fe prenant de ce qui leur eft contraire.

On loüe vne ville,

Premierement par fon antiquité, où l'on remonte fouuent iufques au tems fabuleus.

Secondement par fes fondateurs, dont l'on examine le merite.

En troifiefme lieu par la beauté, & par la magnificence de fes edifices, tant publics que particuliers.

4. Par la force de ſes rempars, & de tout ce qui ſert à la rendre comme imprenable.

5. Par ſa belle ſituation, eu eſgard à la fertilité de terres qui l'enuironnent.

6. Par ſes manufactures, & par la commodité qu'ont les marchans, ſoit de les tranſporter ailleurs, ſoit d'en faire venir d'autres : A quoi les ports qu'elle peut auoir ou ſur la mer, ou ſur quelque riuiere, ſont conſiderables.

7. Par la bonté, & pureté de l'air qu'on y reſpire, & qui contribuë tant à la ſanté, qu'à la longue vie de ſes habitans.

8. Par ſes bonnes loix, & ſes ordonnances, qui font que la Iuſtice y eſt bien exercée.

B iij

9. Par la vertu, & par le bon efprit de fes habitans.

10. Par fon opulanee, & fes ri-cheffes, tant à l'efgard du thre-for public, que des finances & reuenus des particuliers.

CHAPITRE V.

Des lieux vtiles au genre.Delibe-
ratif.

L'ON perfuade, ou l'on dif-
fuade les chofes dans le genre
Deliberatif, en les examinant fur
ces lieus particuliers.

Premierement fi elles font hon-
neftes, ou deshonneftes; où l'on
employe les plus beaus raifon-
nemens de la Morale.

Secondement fi on les peut dire vtiles, ou inutiles.

En troifiefme lieu fi elles paroiffent agreables, ou deplaifan-
tes.

B iiij

4. Si elles sont necessaires, ou
non necessaires.

5. Si elles sont faciles, ou de
difficile execution ; voire mesme
si elles ne doiuent point reüssir
impossibles.

6. Si on les peut entreprendre
auec seureté, ou s'il y a trop de
peril à les faire.

Ce sont les principaux motifs
qu'on prend pour conseiller, ou
desconseiller quelque chose.

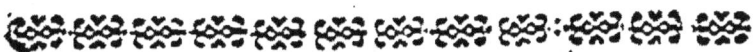

CHAPITRE VI.

Des lieus propres au genre Iudi-
ciaire.

D A N S ce troifiefme gen-
re d'Oraifon dôt l'on fe fert pour
accufer quelqu'vn, ou pour le
deffendre; pour l'opprimer, ou
pour le fecourir; il faut emploier
diuers lieus felon l'eftat de la queftion.

Car fi l'on doute d'vn fait, la
raifon veut qu'on fe iette fur les
coniectures, pour examiner s'il
y a quelque apparence de le croire, par les lieus qui dependent de
la volonté, ou du pouuoir d'exe-
cuter.

Les lieus où l'on peut trouuer dequoi faire valoir la volonté, soit pour l'affirmatiue, ou pour la negatiue, sont,

Premierement l'amitié, ou la haine precedente.

Secondement l'humeur froide, ou posée; ou la cholerique, voire furieuse, de celui sur qui tombe le soupçon.

En troisiesme lieu ses menaces precedentes; ou ce qui leur est opposé.

4. Les personnes qui l'ont sollicité à cela; ou le peu d'apparence qu'il y ait esté porté par qui que ce soit.

5. Les auantages apparens qui luy en reuiennent, ou au contraire.

6. Les disgraces & les incom-

modirez qu'il a creu éuiter par ce moyen ; ou tout au rebours, le peu de profit qu'il en peut tirer.

Apres la volonté on examine le pouuoir.

Premierement par les fignes qui ont precedé , accompagné, ou fuiui l'action.

Secondement par les circonftances du lieu, propre, ou mal propre à la faire ; felon qu'elle s'eft paffée dans vn bois efcarté, ou dans vn chemin paffant; dans vn defert , ou dans vne pleine affemblée.

Tiercement par des conie-ctures fondées fur le tems fauorable , ou incommode , auquel on veut que la chofe fe foit executée, de iour, ou de nuict.

En quatriefme lieu par les moiens qu'on a trouués pour ce-la, ou qui ont manqué.

Mais s'il s'agit d'vn fait conftant, où toutes ces coniectures ne peuuent eftre emploiées; il faut auoir recours à d'autres lieus.

Premierement examiner la cho-fe par fon nom, comme s'il eft queftion d'vn facrilege, definir ce mot, pour monftrer qu'il con-uient fort bien à celuy que nous accufons; ou pour le reietter, fi nous fommes fur la deffenfiue.

En fecond lieu faire reflexion fur les termes de la loy, pour les interpreter à noftre auantage.

3. Luy oppofer des lois dif-ferentes qui fauorifent noftre parti; & faire voir que la couftu-

me ou le droict naturel sont contraires en cela au ciuil.

4. Faire distinction entre ce
qui est escrit precisément, & ce
qui est de l'intention du Legisla-
teur, lequel ne peut pas s'estre
dispensé de l'equité naturelle, où
il faut tousiours auoir recours si
l'on veut bien interpreter sa loy;
monstrát les absurditez qui s'en-
suiuroient autrement.

5. Esplucher par le menu toutes les ambiguitez de cette loi ou
ordonnance, par les diuerses si-
gnificatiós des mots qui la com-
posent, s'ils sont obscurs, équi-
uoques, ou suiets à tromperie.

6. Changer en vn besoin l'e-
stat de la cause, & passer à vne autre question, soustenant que nostre partie aduerse n'est pas re-

ceuable en son action, qu'il a intentée contre les formes, & contre la raison. Comme s'il s'y est porté deuant ou apres le tems ordonné par les loix; ou s'il s'est addressé à vn autre Iuge qu'il ne deuoit.

7. Il est mesme expedient par fois d'extrauaguer, & d'imiter, *I. 3. Rhet.* dit Aristote, ces seruiteurs qui *cap. 14.* n'ayant point d'excuse legitime, respondent hors de propos. Sa maxime generale est, qu'en vne mauuaise cause l'on ne sçauroit pis faire que de s'y renfermer, *malam causam habentibus vbicunque melius versari, quam in causa.*

8. Aduoüer le fait, s'il ne se peut autrement, auec protestation qu'on ne s'y est pas porté d'vne mauuaise intention, re-

iettant le tout fur la fortune, fur
la neceſſité , fur l'impulſion ou
perſuaſion des autres, ou fur vne
erreur excuſable.

9. En toute extremité demander miſericorde, & imploser la
clemence des Iuges.

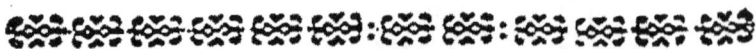

CHAPITRE VII.

De la Disposition Oratoire.

CE n'est pas assez de sçauoir trouuer les matieres propres à former nos argumens, par le moien des lieus que nous venons de specifier.

Il faut connoistre en suitte le rang & la disposition que nous deuons donner à ces mesmes matieres,& aus inductions que nous voulons appuier dessus. Parce que l'Orateur, aussi bien que le General d'armée tirent leur principal auantage du bō ordre qu'ils donnent l'vn à ses trouppes, & l'au-

l'autre à ses discours. L'excellente Oeconomie, & le bel arrange-
ment d'vne Oraison, est vne vertu, dit Quintilien ; semblable à
celle d'vn Souuerain belliqueux,
est velut Imperatoria virtûs.

La premiere disposition est
des parties d'vne Oraison ; la seconde des raisonnemens que
nous faisons en chaque partie.

Il y a quatre parties principa-
les dans vne Oraison , qui doiuent la composer, en sorte que
l'Exorde precede, suiui de la Narration , apres laquelle vient la
Confirmation, & puis l'on finit
par la Peroraison.

C

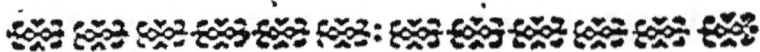

CHAPITRE. VIII.

De l'Exorde.

CE que les anciens appellent Exorde, les Grecs le nommoient Proëme, qui est la premiere partie d'vne Oraison, & comme le portail de tout l'edifice. L'on peut iuger par là qu'il doit estre couché en beaux termes, puisqu'il n'y a point d'Architectes qui ne taschent de rendre leur bastiment recommendable par vne belle & agreable entrée.

Son but est de preparer les esprits à vne fauorable audiance, en gagnant leur inclination, & en obtenant d'eus creance pour tout ce qu'on doit dire.

Pour cét effect on proteste d'abord d'agir sans passion, & sans interest. On tesmoigne qu'on a connoissance de la Vertu, de la Sagesse, & de la Iustice des auditeurs, ce qui fait qu'on se promet beaucoup plus de leur equité, & de leur bonté ordinaire, que de ce peu qu'on pourroit emploier d'Eloquence. Et l'on gagne leur attention en leur faisant connoistre qu'on les entretiendra de choses. grandes, nouuelles, merueilleuses, & où ils ont quelque notable interest.

Plusieurs tiennent qu'vn peu de crainte est non seulement bien seante, mais mesme necessaire à vn Orateur au commancement de son Exorde, pour ac-

querir la bien-veillance de ceus
qui croient par là qu'on les res-
pecte. C'eſt ce qu'Homere a toû-
jours fait prattiquer à ſon Vlyſſe.

Il ne ſert pas peu auſſi pour ſe
faire eſcouter plus volontiers, &
auec grande docilité, de propo-
ſer ſur la fin de l'Exorde vn ſommaire des matieres qu'on doit
traitter, auec vñe diuiſion qui
doit eſtre en peu de parties, afin
qu'elle ſoit, & plus agreable, &
plus facile à retenir.

Mais il faut ſoigneuſement
eſuiter de faire ici comme ce Curion, qui ne ſe ſouuenoit iamais
des membres de ſa diuiſion, de
Bruto telle ſorte, dit Ciceron, que s'il
l'auoit faicte en trois parties, il
n'en trouuoit que deus, ou en
mettoit iuſques à quatre. Ce man-

quement le rendoit ridicule, cô-
me il le fut encore lors qu'en plai-
dant contre vne Titinia accusée
d'estre sorciere, il demeura court;
& voulut soustenir que c'estoit
elle qui par ses enchantemens luy
auoit troublé l'imagination, &
peruerti la memoire.

Vn des plus importans preceptes pour ce qui touche l'Exorde, c'est de le faire tel qu'il ait
son rapport precis, & particulier
au faict dont il est question, &
au principal suiet de l'Oraison.
S'il paroist forcé, ou tiré de loin,
il pert toute sa grace, & nuit
plutost qu'il ne profite. Ciceron
dit qu'il faut le tirer des propres
entrailles de la cause, *ex ipsis vis-* l.2.de O:
ceribus causæ, c'est à dire, qu'il luy
soit tellement propre, qu'on ne

puiſſe pas iuger qu'il fuſt bon
pour eſtre emploié ailleurs. Car il
y en a qui ont des Exordes preparez de longue main pour ſeruir preſque à toute ſorte de diſcours , comme des ſelles à tous
cheuaus. Et ce grand Orateur
meſme qui donnoit aus autres
vn aduis ſi important, auoüe ailleurs qu'il auoit vn volume en-
tier d'Exordes acheuez, qu'il ap-
pliquoit à ſes compoſitions, ſelon qu'ils y auoient du rapport;
ſe reprenant d'en auoir mis vn
par meſgarde,& faute de memoire,au deuant d'vn liure qu'il auoit
compoſé de la gloire, qui eſtoit
le meſme qu'on auoit deſia veu
au commancement du troiſieſme liure de ſes queſtions Acade-
miques. Mais comme ces ſelles

I 16: ep. 6.
ad Attic.

dont nous venons de parler ne
font iamais fi iuftes fur vn cheual, que celles qu'on fait expref-
fement pour luy ; ni des teftes
qu'on applique de nouueau fur
le corps d'vne ftatuë fi naturel-
les, que quand on les forme du
marbre mefme , & au mefme
tems qu'on la taille : Auffi n'arriue t'il gueres que des Exordes
fi generaus conuiennent tellement à vn difcours pour lequel
ils n'ont pas efté preparez, qu'on
ne s'apperçoiue aifément ou d'v-
ne indifference vicieufe , ou de
quelque difproportion. Les Pre-
faces de ce peu de pieces qui nous
reftent de Salufte le peuuét faire
affez remarquer, & ne prouuent
pas moins icy , que la beueuë
de Ciceron, le mauuais vfage

C iiij

de ce tems-là, quoi que le bon n'y fuſt pas ignoré.

l. 4. Inſt. cap. 1. Quintilien a fort bien obſerué qu'aus actions publiques, où l'on parle apres vn autre, c'eſt vne belle choſe de fonder ſon Exorde ſur le diſcours de celui qui vient d'acheuer ſa Declamation; parce que cela monſtre vne facilité, & vne promptitude d'eſprit qui plaiſt, outre qu'on obtient plus de creance aus choſes qui paroiſſent eſtre dites ſur le champ, qu'en ce qu'on reconnoiſt auoir éſté ſoigneuſement trauaillé dans le cabinet.

L'on eſt par fois contraint par des euenemens inopinez d'vſer d'Exordes pris veritablemét ſur le cháp & quand cela ſe fait adroittement ils reüſſiſſent à merueilles.

En voicy deus exemples pris des
premiers Orateurs de la plus eloquente ville du Monde. Demofthene qui ne haranguoit iamais
que felon les regles de fon art,
& qu'aprez s'eftre fort preparé,
fe vid vne fois rebuté d'abord
par le peuple d'Athenes, qui ne
luy vouloit donner nulle audiance. Il s'aduife là deffus de le prier
d'entendre au moins vn petit different furuenu entre vn homme
qui auoit vendu fon Afne, mais
non pas, difoit-il, fon ombre,
dont il difputoit contre l'achet-
teur. Les Atheniens n'aiant pas
faict difficulté de prefter l'oreille à ce plaifant Apologue. Et
quoy? leur adioufta - t'il, vous
voulez bien m'efcouter quand
ie vous conte des fables, & vous

me fermez la bouche lors que
i'ay à vous dire tant de chofes qui
vous importent ? entrant là deffus en matiere, & faifant feruir
d'Exorde à fa raillerie , qui luy
auoit fi bien preparé l'efprit de
fes auditeurs. Le fecond exemple
fera de Leon Bifantin, qui eftoit
venu deputé de fes concitoyens
pour exhorter les mefmes Atheniens à la concorde , à caufe de
quelques diuifions inteftines cù
leurs affociez eftoient intereffez.
Or comme cét Orateur eftoit de
trefpetite ftature, l'infolence du
peuple d'Athenes fut telle, qu'au
lieu d'vne paifible, & refpectueu-
fe attention, il n'y eut de fa part,
le voyant fi petit, qu'vn ris vni-
uerfel, qui euft peu deferrer vn
moins affeuré que Leon. Mais

au lieu de ſe troubler, & d'enta-
mer l'Exorde qu'il auoit preparé, il s'auiſa de dire aux Atheniens
en riant auſſi bien qu'eux, que ſe-
roit-ce, Meſſieurs, ſi vous auiez
veu ma femme, qui ne me vient
pas iuſques aux genous? La riſée
s'eſtant releuée encore plus grande là deſſus; cependant, leur ad-
iouſta-t'il, quand nous ſommes
mal d'accord enſemble ma femme & moy, noſtre ville de By-
ſance eſt trop petite pour nous
deux. Il ne falut point d'autre
Exorde pour ſe faire ouïr enſuit-
te, cette pointe ingenieuſe luy
aiant preparé vne tres-fauorable
audiance, auec vn puiſſant mo-
tif pour les porter à faire ceſſer
leurs troubles domeſtiques, ce
qui eſtoit le ſujet de ſon Am-
baſſade.

Pour le furplus il faut s'accommoder ici, comme en rou-
tes les autres parties, au tems, au
lieu, au fuiet qu'on traitte, & aus
perfonnes. Il y a des endroits où
l'on feroit ridicule de faire de
grands Prologues. Les Areopa-
gites n'en vouloient point du
tout. Et par fois pour tefmoi-
gner de l'emotion, ou de l'indi-
gnation, l'on a commancé fans
vfer de la moindre Preface, ce
que les Latins nomment *ex abru-
pto*. Ciceron l'a fouuent pratti-
qué de la forte, & fa premiere
declamation contre Catilina eft
notable pour cela.

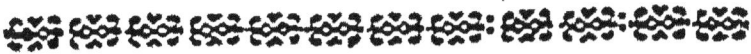

CHAPITRE IX.

De la Narration.

LA narration eſt l'expoſi-
tion du ſuiet de noſtre Oraiſon
auec les circonſtances qui ſeruét
à le faire mieux comprendre.

Il y a trois choſes à obſeruer
pour ſe bien acquitter d'vne Narration ; la premiere de la rendre
fort claire & intelligible, la deü-
xieſme, de ne la faire pas trop
eſtenduë, ny ennuieuſe, mais
pluſtoſt courte, qu'autrement ;
& la troiſieſme de luy donner
toute la vray ſemblance & la pro-
babilité qu'elle peut receuoir.

Pour ce qui touche la clairté, il faut efuiter, comme autant d'efcueils, les mots qui pour eftre trop vieux, ou trop nouueaux, ont toufiours de l'obfcurité, n'eftant pas entendus de tout le mõde. C'eft pour cela qu'Augufte, qui fe plaifoit à bien parler, s'abftenoit auec grand foin des dictions furannées qui forment cet *Archaifme* des Grammairiens, dont les Rheteurs ont fait vn vice d'oraifon, *Vitauit reconditorum verborum fœtores*, dit Suetone. Les paroles reffemblent en cela aux pieces de monnoie, qu'on les doit rejetter fi elles ne font de cours. D'ailleurs, quand nous proferons des termes obfcurs, fur tout dans vne Narration, nous allons contre noftre

In Oct. act. 85.

deſſein qui eſt d'expliquer vn
fait, & l'on peut dire que nous
faiſons en quelque façon, comme diſoit cet ancien, la guerre
à la nature, qui ne nous a donné
la voix que pour mettre nos penſées en euidence. Les dictions
equiuoques ſont donc auſſi à rejetter, & toute ſorte *d'homony-
mies*, & *d'amphibolies*, qui rendent
ordinairement vn diſcours am-
bigu. L'ordre ſert encore mer-
ueilleuſemét à faire qu'vne Narration ſoit nette, & intelligible,
puiſque le deſordre & la confu-
ſion ont vn effet tout contraire.

Et neantmoins nous auons
mis la briefueté, qu'on dit eſtre
fort voiſine de l'obſcurité, pour
la ſeconde des conditions requi-
ſes à bien dreſſer vne Narration.

Cette briefueté confiste premierement à ne rien dire qui ne foit
neceffaire, & qui ne ferue au fu-
jet qu'on traitte. Il faut pour cela s'abftenir des Digreffions en-
nuyeufes, & de certaines paren-
thefes qui embarraffent & pro-
longent vr. difcours. Efuitons en
fecond lieu les repetitions inutiles. L'on voit des perfonnes
qui ne font que diuerfifier vn
mefme fens par des redites, où
il n'y a rien de different que les
termes; femblables à des toupies,
qui tournent fans changer de
place ; & à ces hannetons dont
fe joüent auffi les enfans, & qui
s'agitant autour d'vn bafton ne
s'en efcartent pourtant iamais.
C'eft de ceux-là que vouloit parler Salomon , quand il difoit,

Narratio

Narratio fatui quaſi ſarcina in via,
qu'il y a des gens qui font des
contes & des narrations ſi peni-
bles, qu'il ſemble qu'on les porte ſur les eſpaules. Les Lacede-
moniens ennemis mortels de tels
diſcours, donnerét pour reſpon-
ſe aus Samiens, qu'ils auoient
oublié le commencement de
leur harangue deuant qu'ils fuſſent paruenus à ſa fin. En effet
il arriue preſque touſiours, que
comme les intéperans en amour
n'engendrent point, ceux qui
tiennent tant de propos ſuper-
flus ne gagnent iamais la creance de leurs auditeurs. Mais on
doit neantmoins receuoir pour
conſtante la maxime de Quintilien, qu'il y a moins de mal à mettre quelque choſe de ſurabon-

D

dant dans vne Narration, que d'y
eftre defectueux ; parce qu'au pis
aller vn peu de fuperfluité ne
donne que du degouft , au lieu
que la defectuofité n'eft iamais
fans peril.

Quant à la reffemblance qu'il
faut donner à vne narration, elle s'y trouuera fi nous ne difons
rien d'extrauagant, & qui ne con-
uienne au tems, au lieu , aus perfonnes, & aus mœurs ordinaires.
Il fert beaucoup pour cela d'apporter les caufes, & de monftrer
les motifs de chaque fait que
vous mettez en auant. Mais il
faut bien prendre garde de ne
pas trop exaggerer les chofes en
Sophifte, & fur tout de ne donner iamais iufques à ce qui approche de l'hyperbole ; à caufe

que le moindre foupçó que vous
engendrez dans l'efprit de vos
auditeurs d'eftre peu confcien-
cieux en ce qui touche la verité,
vous fait perdre toute creance, &
ruine entierement voftre narration. L'on doit auffi s'abftenir ici
pour le mefme fuiet de l'vfage de
beaucoup de figures, d'autant que
tout le móde eft perfuadé qu'où
il y a beaucoup d'artifice, il fe
trouue fort peu de verité.

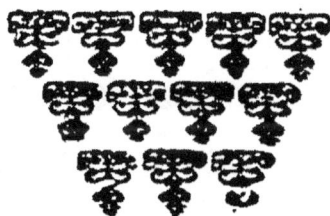

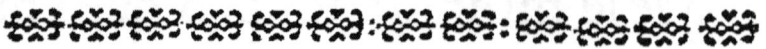

CHAPITRE X.

De la Confirmation.

SOus cette partie de la Confirmation, qui donne les preuues de ce que nous auons deduit dans noſtre Narration, ie comprens auſſi la refutation de ce qui luy peut eſtre contraire.

Nous prouuons, & nous refutons par le moyen des argumens, qui ſe tirent des lieus tant generaux, que particuliers, que nous auons declarez au troiſieſme, & quatrieſme chapitres.

Il y a diuerſes ſortes d'argumens qu'enſeïgne la Logique. Le Syllogiſme, qui a trois par-

ties, eſt le plus noble de tous.
Quand la Rhetorique s'en ſert,
elle l'eſtend, & fait des diſcours
ſur chacun de ſes membres. Mais
on a nommé l'Enthymeme, qui
ſupprime vne des propoſitions
du Syllogiſme, & qui n'a que
deus parties, la Demonſtration
Oratoire, d'autant que c'eſt la
façon d'argumenter la plus propre aus Orateurs. Ils ſe ſeruent
fort auſſi de l'Induction, qui ſe
tire de pluſieurs choſes particu-
lieres, pour prouuer ce qui eſt
vniuerſel.

L'artifice de l'Orateur conſiſte à diſpoſer de telle ſorte ſes argumens, qu'il imite les grands
Capitaines dans l'ordre qu'ils dõ-
nent à leurs trouppes. C'eſt pourquoy Quintilien nomme cela

D iij

Homericam dispositionem , parce
l. 5. inst. c. 12.
que nous voions dans l'Iliade
qu'vne partie des plus vaillans
soldats font la premiere attaque,
comme tres-importante dans les
combats, y en ayant d'autres semblables sur l'arriere-garde ; afin
que les moins hardis subsistent
mieux entre les vns, & les autres
dans le corps d'armée. Les regles de la Rhetorique veulent
qu'on face de mesme vne puis-
sante impression d'abord sur l'esprit des auditeurs , par de tres-
bonnes demonstrations qui pre-
uiennent leur iugement ; qu'on
en reserue d'autres de mesme
force pour la fin , où il les faut
confirmer ; & qu'on coule entre-
deux ce qui est veritablement
moins pressant ; mais que nous

ne pouuons obmettre neantmoins sans faillir, & sans quelque
sorte de preuarication.

Car comme Aristote l'a fort
bien remarqué, il se trouue des
esprits plus propres à se laisser
persuader par des raisons appa-
rentes seulement, que par celles
qui pour estre conuainquantes, &
indubitables, ne sont pas neantmoins de leur portée.

L'on obserue particulierement
dans la Refutation, d'emploier
toute sorte d'instances contre ce
qui nous blesse le plus apparam-
ment, parce qu'il n'y a rien de si
certain au monde que vous ne
rendiez douteux, quand vous le
soufmettrez aus attaques des argumens, quelques Sophistiques
qu'ils soient.

C'eſt auſſi vne ruſe du meſtier,
de ſe ietter icy ſur la raillerie, lors
qu'on eſt pour ſuccomber dans
le ſerieux : Ou de faire tout au
contraire ſi la cauſe le requiert,
& que voſtre auantage s'y ren-
contre.

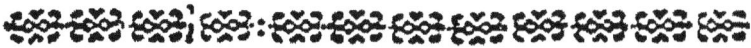

CHAPITRE XI.

De la Peroraiſon.

CE qu'on dit de la fin qui couronne l'œuure, doit auoir lieu dans cette derniere partie de l'Oraiſon, que les Grecs ont nommée Epilogue, les Latins Peroraiſon, & qui eſt la concluſion d'vne Declamation Oratoire.

Elle s'emploie à deux choſes principalement, dont la premiere eſt vn denombrement, ou vne recapitulation de tout ce qui a eſté dit; & la ſeconde vne exaggeration patherique qui touche les cœurs, & qui taſche d'eſmou-

uoir les paſſions dont nous auons
beſoin que l'eſprit de nos auditeurs ſoit touché.

La recapitulation ſe fait pour
leur rafraiſchir le ſouuenir de ce
qu'il nous importe qu'ils n'ou-
blient pas, & pour leur faire voir
d'vne ſeule veuë en gros ce que
nous auons deſia repreſenté ſeparement. Or il eſt beſoin que
cette repetition ſoit non ſeulement fort courte & ſommaire,
pour en oſter le degouſt ennuieux, mais encore tres-elegan-
te, & conceuë en termes differens
de ceux dont nous auons vſé auparauant; tant parce que la diuerſité plaiſt, qu'à cauſe qu'il ſeroit
meſſeant, & meſme odieux, de
teſmoigner à ceux à qui nous
parlons dans vne pure redite, que

nous aurions quelque deffiance
de leur memoire.

Le second emploi de la Peroraison lui eſt encore plus propre.
Il tend à eſmouuoir les auditeurs,
& à les exciter tantoſt à l'amour,
tantoſt à la haine. Par fois on taſche de les mettre en colere, & vne
autrefois on les porte à la miſericorde, ou à quelque autre paſſion
qui doit eſtre auantageuſe. La
Morale nous fournira les lieux
où ſe puiſent les moïens dont il
faut ſe ſeruir pour cela, comme
celle qui traitte de tout ce qui
concerne les Paſſions.

C'eſt icy que les Orateurs ont
accouſtumé de deſploier les mai-
ſtreſſes voiles de leur Profeſſion,
& comme parle Quintilien, d'ouurir toutes les ſources de l'Elo-

quence, qui ne trouue plus rien apres cela d'affez fort pour luy refifter, & qu'elle n'emporte cóme vn Torrent impetueux. De cette forte l'Orateur Hipperides fauua la belle Phryné dans vn iugement capital, où pour efmouuoir fes Iuges, & leur donner de l'amour, & de la compaffion tout enfemble, il defchira fur la fin de fon plaidoier les habits de cette Courtifane, fit paroiftre fa gorge, & luy defcouurit le fein. Ne fut-ce pas auec le mefme artifice que Marc-Antoine mania le peuple Romain comme il voulut, expofant à fa veuë la robe de Cefar toute percée de coups, & pleine encore de fon fang?

Mais quoy que la Peroraifon reçoiue ces mouuemens extra-

ordinaires, & que femblable aux
Lampes, qui par vn dernier ef-
fort ont plus de lumiere en s'e-
fteignant, elle ait le priuilege de
s'emporter, & s'il faut ainfi dire,
de s'emanciper de la forte: Si eft-
ce qu'il n'en faut pas abufer, ni
pour eftre pathetique paffer iufques aus tranfports exceffifs de
ce M. Pontidius, qui fe fafchoit
mefme contre fes Iuges, lors que
dans cette derniere partie d'O-
raifon il auoit lafché la bride à
toutes fes paffions. Ciceron l'a in Bruto
obferué comme vne chofe qu'on
ne doit iamais imiter. Et fon excellent difciple a d'ailleurs fort Quint. 6.
iudicieufement conclu, qu'il fa- inft. c. 1.
loit qu'vn Orateur fe mefuraft
bien, deuant que d'entreprendre
ce grand deffein de forcer les ef-

prits de ceux qui l'escoutent, à
receuoir les passions qu'il leur
veut imprimer. Car il peut arriuer qu'au lieu d'exciter des lar-
mes, il attirera les risées de ceux
qu'il vouloit porter à la commi-
seration. Cela ne reçoit point
de milieu, où l'on obtient glo-
rieusement sa fin, où l'on tombe dans la disgrace de passer pour
ridicule, *nihil habet ista res medium,
sed aut lachrymas meretur, aut ri-
sum.*

Les Rheteurs adioustent deus
preceptes de grande importance,
pour cette derniere partie. Le
premier, de s'esloigner autant
qu'on peut de la raillerie, & de la
gayeté, lors qu'on veut porter à
la colere, ou à la pitié ; parce
qu'il est absolument impossible

d'eſmouuoir en meſme tems
deux paſſions contraires ; ce qui
ſert de leçon pour toutes, où la
meſme choſe doit eſtre obſeruée. Le ſecond, de ne penſer
pas faire eſpouſer aus autres celles dont vous ne ſerez pas vous
meſme touché. Si vous eſtes froid
vous n'eſchaufferez iamais perſonne. D'vn œil ſec vous ne fe-
rez iamais pleurer qui que ce ſoit.
Et c'eſt ici qu'on peut prononcer fort veritablement, qu'au-
cun ne donne ce qu'il n'a pas. Les ¹·⁶·ᶜ·
termes de Quintilien ſont enco-
re trop beaux ſur cela pour les oublier. *Nec incendit niſi ignis, nec*
madeſcimus niſi humore ; nec res vlla
dat alteri colorem quem ipſa non ha-
bet. L'on a dit qu'il faloit faire
comme ce Capitaine Grec, qui

tira de ſa plaie le Iauelot dont il
perça ſon ennemi.

Il reſte vne choſe à remarquer
touchát la Peroraiſon, qui neantmoins doit eſtre auſſi prattiquée
tant à l'eſgard de la Narratió que
de la Confirmation. C'eſt qu'on
ne doit iamais paſſer de l'vne à
l'autre qu'inſenſiblement, & ſans
qu'il paroiſſe qu'on veille enta-
mer vne nouuelle partie d'Oraiſon ; d'autant qu'il n'y a rien de
ſi contraire à l'artifice que de le
faire paroiſtre. Ainſi ces paſſa-
ges, que la Rhetorique nomme
tranſitions, doiuent eſtre imper-
ceptibles. Et pour reüſſir dans
l'Eloquence il faut imiter l'addreſſe de Zeuxis, qui dans ſon ta-
bleau des Centaures ſçeut ſi bien
meſler la nature de l'homme auec
celle

Iucian. in
Zeux.

celle du cheual , qu'on ne pouuoit presque discerner l'endroit
de leur vnion, ou pour mieux
l'exprimer , le lieu de leur confu-
sion. C'est le fait d'vn Orateur
de ioindre si artistement toutes
les parties de son discours, que la
liaison n'en soit pas aisément reconnoissable. Et generalement
parlant, son mestier, aussi bien
que celuy de la guerre, a des ru-
fes, comme icy , qui cessent de
l'estre aussi tost qu'elles sont re-
connuës.

Mais sur tout que ces mesmes
parties ayent vn parfait rapport
entr'elles. Comme vn luth ne
peut donner de satisfaction à l'o-
reille, si toutes ses cordes ne sont
aiustées, & ne se respondent les
vnes aux autres dans des tons

E

bien proportionnez : Vne Oraifon ne fçauroit eftre trouuée belle non plus, fi fes quatre parties,
l'Exorde, la Narration, la Confirmation, & la Peroraifon, ne
font dreffées de forte qu'elles
paroiffent fort bien afforties
pour former vn tout, & pour
compofer vn mefme Syfteme.

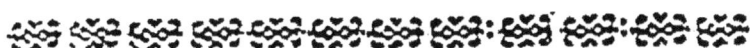

CHAPITRE XII.

De l'Elocution.

APres les deux premieres parties de l'Oraiſon, l'Inuention, & la Diſpoſition, il faut parler de l'Elocution qui regarde l'ornement & l'elegance des termes, dont nous exprimons les choſes inuentées & diſpoſées ſelon les regles precedentes.

C'eſt vne troiſieſme partie ſi differente des premieres, qu'encore que Platon ne loüaſt pas l'inuention qui paroiſſoit dans l'Oraiſon de Lyſias pour Socrate; & bien qu'il en repriſt grandement la difpofition ; fi eft ce qu'il eftimoit fort le ftile & l'Elocution de la piece, où toutes les paroles eftoient pures, & les periodes tres-bien tournées.

Or quoy que la beauté du langage, & le choix des dictions foit fort confiderable, l'on doit neantmoins tenir pour vne maxime generale, qu'il ne faut iamais rien dire par le feul deffein d'employer de belles paroles, *Nihil verborum caufa effe faciendum.* Il fe trouue des perfonnes fi fort attachées aux mots qui leur agréent, que pour les debiter tout leur foin fe confume à chercher des penfées où ces mefmes mots puiffent entrer. C'eft foûmettre puerilement le principal à l'acceffoire, & renuerfer

Q333t. pizt. l 8.

l'ordre des chofes, qui veut que les paroles feruent à l'expreſſion de nos conceptions, & non pas celles-cy au debit des premieres.

La Rhetorique nous apprend que l'ornement & l'elegance des termes qui font la belle Elocution, dépendent des Figures de l'Oraifon, qui font de certaines façons de parler autres & plus releuées que les communes, comme fort eſloignées du langage ordinaire.

Ces Figures, & Tropes, fans les diſtinguer, fe confiderent ou dans la diction feule & toute nuë; ou dans l'expreſſion de la penfée. Les vnes & les autres ont des noms fort barbares en François.

Elles ont eſté inuentées pour

toucher plus viuement l'esprit,
& pour penetrer dans l'ame plus
auant; comme les figures corpo-
relles s'enfoncent bien plus pro-
fondement, si on leur donne la
forme propre pour cela, & qu'on
les rende aiguës.

❧❧❧ ❧❧❧ ❧❧❧ ❧❧❧❧❧ ❧❧❧ ❧❧❧ ❧❧❧❧❧ ❧❧❧ ❧❧❧ ❧❧❧

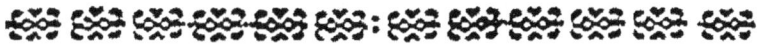

CHAPITRE. XIII.

Des Figures de la Diction.

Qvélques-vns ont voulu que les Tropes fuſſent d'vn ſeul mot, & les Figures de pluſieurs; d'autres les ont confonduës; ce que nous deuons pluſtoſt faire que les Grecs ny les Latins, pour nous embarraſſer le moins qu'il ſe pourra en des termes incónus.

Les Figures de la Diction ſont differentes. Quand l'on met vne partie pour le tout, & que nous diſons cent voiles, pour cent nauires; cent feux, pour cent maiſons; cela s'appelle *Synecdoche*.

Si l'on nomme la mort froide, ou la vieilleſſe triſte, prenant l'effet pour la cauſe, comme on fait ſouuent la cauſe pour l'effet, ce ſont des *Methonymies*.

L'Antonomaſie conſiſte à donner par excellence à quelqu'vn le nom qui conuient autrement à pluſieurs ; comme quand on eſcript l'Apoſtre pour ſainct Paul, le Poëte Grec pour Homere, & l'Orateur Latin pour Ciceron.

La *Periphraſe*, ou *Circumlocution*, eſt par fois vn pur ornement, & l'on en vſe aſſez ſouuent par neceſſité.

Quand nous diſons le pied d'vne montagne, ou que nous appellons vne campagne riante, nous employons la *Metaphore*, ou la *Tranſlation*, attribuant le pied, qui ne fe dit proprement que des animaux, à vne chofe infenfible ; & donnant le rire de mefme à ce qui n'en eft pas capable.

L'abus de la Metaphore quand on la porte trop loin, fe nomme *Catachrefe*, comme lors que Virgile a parlé de baftir vn cheual. L'on s'en fert neantmoins, mais rarement ; & elle deuient alors agreable, comme les poifons fe rendent quelquefois vtiles dans la Medecine.

La Metaphore continuée deuient *Allegorie*, & cette continuation la rend pluftoft vne figure qui regarde la penfée, que la feule diction.

Les *Antithefes*, ou *Rapports*, les *Allufions*, & quelques autres Fi-

gures qui se font par vn ieu de
paroles proferées d'vn mesme
ton, & qui sont opposées, ou qui
ont du rapport les vnes aux autres, s'entendent à la verité tres-
agreablement ; mais il s'en faut
seruir fort sobrement dans le se-
rieux, & sur tout en esuiter l'affectation. L'opinion de ceux
qui en ont trop d'auersion, me
fera remarquer comme Ciceron
mesme dans vne de ses plus im-
portantes actions qui fut contre
Verres, s'est ioüé sur son nom
vne infinité de fois ; l'appellant
Verrem nequam, vn meschant
Pourceau ; nommant le Droict
ou la Iurisprudence dont Verres
se seruoit, *Ius Verrinum*, par vne
double allusion sur ces deux
mots ; & le comparant, lorsqu'il

voulut defrober vne ftatuë
d'Hercule, au Sanglier d'Ery-
manthe, *Aiebant Agrigentini in*
labores Herculis non minùs hunc im-
manißimum Verrem, quàm illum
Aprum Erymanthium referri operte-
re. Il fe ioüe encore de mefme
quand il luy donne le tiltre de
nouuel Aftrologue, *Qui non tam*
cœli rationem, quàm cælati argenti
duceret. Et dans fes Philippi-
ques n'a-til pas vfé de femblables *Paronomafies* ou *Allufions*
contre Marc-Anthoine ? *Ex ora-*
tore arator factus; commentaria com-
mentitia; cum in gremiis mimarum
mentum mentemque deponeres. Son
genie porté à la raillerie l'a fouuent ietté dans ces ieux de paroles, qui ne peuuent pas eftre abfolument condamnez à l'efgard

mefme du ftyle le plus auftere.

Il faut pofer icy pour vne regle
certaine, que fouuent des mots fi-
gurez dans leur origine, deuiennent propres; & que n'ayant efté
inuentez que pour l'ornement,
ils fe font enfin rendus neceffai-
res : De mefme que beaucoup
d'habits dont l'on ne fe peut paffer auiourdhuy , qui dans leur
nouueauté ne ferucient qu'à con-
tenter la veuë.

C'eft encore vn precepte general, de n'vfer gueres de dictions
figurées qu'au deffaut des propres, ou lors que celles-cy ne val-
lent pas les premieres. Autrement l'on eft obligé d'employer
autant qu'on peut les mots propres en toute forte de matieres.

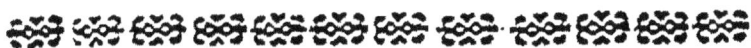

CHAPITRE. XIV.

Des Figures de la Penſée.

Venons aux Figures qui s'emploient à l'expreſſion de toute vne penſée, & qui ne s'aſſuiettiſſent pas tellement aux paroles, que ce ne ſoit touſiours la meſme figure, quoy qu'elle ſe ſerue de termes differens.

Telle eſt celle qui fait parler les choſes inanimées, ou qui fait que nous leur addreſſons noſtre diſcours. Car ſoit qu'on repreſente la Patrie qui ſe plaint de nous, ou qui nous exhorte; ſoit qu'on s'addreſſe à elle pour luy demander quelque chofe & pour la coniurer ; c'eft toufiours en la reueftant d'vne forme humaine, ou diuine. Et l'expreffion de cette imagination s'appelle vne *Profopopée*. Elle s'eftend encore à faire difcourir ceux qui ne font plus, & les abfens.

L'*Apoftrophe* a prefque le mefme vfage ; mais elle s'employe auffi à l'égard des prefens, quand nous nous addreffons à quelqu'vn d'eux en particulier.

L'*Ironie* eft vne raillerie contenuë dans vn fens fort different de ce que les paroles femblent fignifier. C'eft pourquoy les Latins l'ont nommée *Diffimulation*, & *Illufion*.

L'*Antiphrafe* eft à peu prés la mefme chofe, finon qu'elle s'em-

ploye fans raillerie en toute forte de fujets.

La *Reticence* a lieu quand on ne
s'explique pas entierement de
tout ce qu'on a dans la penfée, ce
qui fert ordinairement à faire
croire qu'on diroit beaucoup
d'autres chofes fi l'on vouloit.
L'Orateur prattique dans cette
Figure le mefme artifice que fai-
foit le Peintre Timanthe, dont
les Tableaux donnoient toû-
jours plus de chofes à deuiner
qu'ils n'en reprefentoient.

Il y a des *Hyperboles* qui confi-
ftent en la feule diction, comme
quand on nomme Geant vn hô-
me de haute taille, ou Pigmée
celuy qui eft de fort petite ftature. Mais elles font fouuent auffi dans la fentence, ou dans vne

penſée qui comprend des periodes entieres, lors que nous debi-
tons des ſentimens fort eſloi-
gnez de la vray-ſemblance, ou
meſme de toute creance. Les
diſcours qu'on attribuë par excellence aux Eſpagnols, & que
nous appellons rodemontades,
ſont de cette nature. Et il faut
remarquer que l'Hyperbole de
la penſée ſe trouue également
dans la diminution, & dans l'aug-
mentation des choſes qu'elle deſ-
crit, quoy qu'elle paroiſſe & ſe
plaiſe bien plus dans l'excez que
dans le deffaut. En quelque façon que ce ſoit, elle entreprend
touſiours plus qu'elle n'eſpere de

l.7. de be
nef. c. 23. pouuoir obtenir, *Nunquàm tan-*
tum ſperat, quantum audet, dit Se-
neque. Mais ſi elle s'éleue, cóme
elle

elle fait touſiours, au delà de ce
qu'on peut croire, il ne faut pas
pourtant que ce ſoit au delà de
toute borne, *ſit vltra fidem, non* [l. 8. inſt. c. 6.]
tamen vltra modum, comme par-
le Quintilien ; parce qu'alors elle tombe dans vne ridicule affectation, ou dans ce *Cacozele* qui
eſt la plus grande corruption de
l'Eloquence. Le traict d'Ageſi-
laus à vn qui releuoit par trop de
petites choſes, eſt fort notable là
deſſus. Il luy declara qu'il ne pri-
ſeroit iamais vn Cordonnier, qui
feroit les ſouliers beaucoup plus
grands que le pied. Les *Hyper-*
boles de l'hyperbole ſont tout à fait
inſupportables.

Les *Souhaits*, les *Imprecations*,
les *Sentences*, les diuerſes ſortes
d'Argumens, les *Interrogations*, les

F

Licences, & les *Exclamations*, dont *l'Epiphoneme* eſt vne eſpece qui termine agreablement la periode, ſont d'autres Figures de la Penſée fort conſiderables, quand elles ſont iudicieuſement placées dans vn diſcours. Et parce qu'il ne ſuffit pas d'obſeruer en general que l'abus des plus belles eſt condamnable, faiſons-le voir plus particulierement, & diſons vn mot des vices de l'Elocution, apres en auoir obſerué les plus eſclatantes vertus.

CHAPITRE XV.

Des vices de l'Elocution.

IL y a deus vices de l'Elocution condamnez de tout le monde, le *Barbarisme*, & le *Solecisme*. Le premier consiste aus maunaises dictions, & soit qu'il vienne de Bar qui signifie Desert, ou de Barbar qui veut dire en Arabe murmure, il a reçeu son nom de ce que lors qu'on vse d'vn mauuais mot, l'on est en quelque sorte Barbare & estranger. Pour le regard du *Solecisme*; qui se remarque dans la façon de parler que les Grecs ont nommée Phrase, il tire son origine des habi-

Strab l.14
Geog.

tans de Soles, ville de Cilicie ba-
ſtie par Solon , qui pour eſtre
venus d'vne colonie Athenienne
ne laiſſoient pas d'eſtre recon-
nus à leur mauuais langage par
les Atheniens. Le Soleciſme fut
depuis imputé à tous ceux qui
s'expliquoient auec des termes
où la bonne conſtruction n'e-
ſtoit pas obſeruée.

Mais outre ces deux defauts ir-
remiſſibles dans l'Elocution, il y
en a beaucoup d'autres qu'on ne
ſçauroit eſuiter auec trop de pre-
caution. Et pour le dire en vn
mot le nombre n'en eſt pas
moindre que des vertus qui l'em-
belliſſent, puiſque leur mauuais
emploi les rend toutes vicieuſes,

Quint. l.
8. c 3.

totidem generibus corrumpitur oratio,
quot ornatur.

I'ay defia parlé dans le neuf-
·uiefme chapitre au fuiet de la
Narration , du foin qu'on doit
apporter à n'employer iamais de
vieilles diⅽtions qui ne font plus
en vfage. Les Rheteurs Grecs
ont nommé ce vice *Archaifme*.
Et l'on a dit de ceux qui s'y laif-
fent aller, qu'ils voudroient re-
mettre les hommes au gland,
apres auoir trouué le bled, &
tant d'autre plus agreable nour-
riture que n'eft celle dont les
chefnes nous peuuent pouruoir.

Quoy que l'employ des mots
propres foit fort recommendable, felon que nous l'auons auffi
defia obferué au chapitre trefief-
me , fi ne s'y faut-il pas affuiet-
tir auec trop de fuperftition, fur
tout en s'attachant à leur etymo-

I 3. Dripa. logie. Vn Cynique ſe mocqué dans Athenée fort gentimēt de cét Vlpien, qui ne ſongeant qu'aus paroles & à leur origine, fouſtenoit qu'on deuoit nommer les trous qui ſeruent de retraitte aus ſouris, des *myſteres*. Vne diction ne peut eſtre bien propre, ſi elle n'eſt dans l'vſage.

Les plus belles Figures deuiennent odieuſes, ſi elles ſont trop frequentes. Il en faut vſer comme du ſel, & dù poiure, auec moderation. Et de meſme que les Eſtoiles pour eſtre les plus belles parties du Ciel, ne ſe touchent pas pourtant; les Figures qui ſont autant de viues lumieres dans le corps d'vn diſcours, ne ſçauroiét eſtre en grand nombre ſans luy faire tort.

Quintilien a eu raifon de mettre les repetitions inutiles, nommées *Pleonafmes*, & *Tautologies*, entre les Vices de l'Oraifon, où les *Synenimes* mefmes font à grande peine tolerez. Il n'y a rien de plus ennuieux, ni par confequent de plus contraire au deffein d'vn Orateur qui eft de plaire pour perfuader, qu'vne redite de mefmes chofes, dont il me fouuient bien que nous auons defia condamné la fuperfluité. Et neantmoins ie fuis côtraint de remarquer, contre ceux qui cenfurent trop abfolument tous les *Synonimes*, qu'il fe prefente par fois des occafiós d'exaggerer les chofes auec vehemence, où les plus grands Orateurs les ont fort fouuent emploiez. Ciceron ne s'eft

pas contenté de dire dans sa premiere Catilinaire, *non feram, non
patiar, non sinam.* Il prononça dans
la seconde, *abijt, excessit, euasit, eru-
pit.* Dans sa douziesme Philip-
pique il vse de ces termes, *discus-
sa est illa caligo quam paulò antè di-
xi, diluxit, patet, videmus omnia.*
Et nous lisons ceux-cy dans son
oraison pour Plancius, *etiam atque etiam insto, atque vrgeo, inse-
ctor, posco, atque adeo flagito crimen.*
Apres cela il faut estre bien de-
licat pour s'offencer du moindre
Synonime, quoy que i'aduoüe qu'ō
s'en doit abstenir, generalement
parlant, autant que faire se peut,
sur tout quand le dernier n'a pas
plus de force que celui qui le
precede.

Ie veux encore me seruir de

l'authorité de ce Pere de l'Eloquence Latine , pour prouuer qu'encore que le mauuais son d'vne periode, & cette *cacophonie* des Grecs soit tres- reprehensible , les grands Orateurs n'ont pas laissé quelquefois d'y tomber par vne negligence qui merite du respect, & qui nous apprent qu'on ne doit pas reietter auec mespris vn ouurage comme plusieurs font, pour y auoir trouué quelque endroit dont l'oreille ne demeure pas satisfaitte. Il suffit pour iustifier cela de rapporter ce seul passage de l'Oraison que ce grand homme recita au Senat sur les responses des Haruspices, *Neque is sum qui si cui forte videor plus quam cæteri qui æque atque ego sunt occupati.* Qui peut·lire tous ces monoſyllabes de ſuitte,& ce choc de voyelles, ſans recónoiſtre que les plus belles pieces d'eloquence, auſſi bien que les plus beaux viſages, ont par fois de petites taches qui ne les doiuent faire ni haïr, ni meſpriſer.

Tous les Rheteurs ſont d'accord que le *Cacozele*, eſt le plus grád de tous les vices d'vne Oraiſon. C'eſt vne mauuaiſe affectation qui vient du peu de iugement de celui que l'apparance du bien trompe, & qui prent ce qui eſt tres mal dit pour vne choſe excellente. L'on a donc eu raiſon de décrier tres-fort ce vice, où l'on ſe porte, par vn aueuglemét merueilleux, auec le meſme ſoin qu'on emploie pour eſuiter les autres, *cætera vitia cum vitentur, hoc petitur.*

Mais il. ne faut pas oublier à remarquer en suitte, que les maistres de l'Eloquence ont fait vn defaut de n'en vouloir auoir aucun ; & vne espece de vice, de l'esuiter auec trop de soin. Ils croient qu'vne genereuse liberté est si essentielle dans leur profession, qu'ils ne connoissent rien qui luy soit plus contraire qu'vne contrainte seruile. Ceux qui s'assuiettissent trop punctuellement à tous les preceptes de l'art, n'en voulant violer aucun, sont tousiours dans la crainte de ces *Funambules* ou danseurs sur la corde, dont les pas sont comptez, & qu'on voit dans vne crainte continuelle de tomber. Ils n'o-

fent d'ailleurs s'efleuer, tant ils
apprehendent la cheute ; & ne
fongeant qu'à s'efloigner du vice, ils negligent fouuent ce que
l'Eloquence a de plus noble, &
de plus vertueux. Ce n'eſt pas à
dire pourtant qu'on doiue negliger les preceptes. Tant s'en faut,
nous pouuons acquerir, en les
obferuant de bonne façon, vne
habitude à bien parler tres-ad-
uantageufe. Ils contraignent d'a-
bord comme des entraues, mais
ils fe rendent faciles à la longue.
Et de mefme qu'vn luth aide à
la voix quand on le fçait bien ma-
nier, qui la retarderoit, & l'em-
pefcheroit autrement. Les regles
de la Rhetorique ne gefnent pas
plus au commencement, qu'elles
fe trouuent commodes quád l'on

y eſt ſtylé, & qu'on les poſſede.

Encore que les *Redondances* ou ſuperfluitez ſoient fort vicieuſes, les maigreurs & les ſechereſſes du diſcours le ſont encore dauanta-ge ; & l'on doit tenir pour vn aphoriſme indubitable, que dans la Rhetorique, auſſi bien que dans la Medecine, les maladies qui pro-cedent d'inanition ſont plus faſ-cheuſes, que celles qui viennent de repletion.

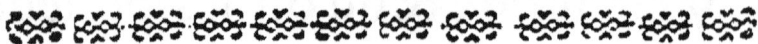

CHAPITRE. XVI.

De la Prononciation.

LA belle & agreable Prononciation dépend du Geſte, auſſi bien que de la voix; ce qui a donné ſuiet à Ciceron de la nommer vne certaine Eloquence de tout le corps. Et Demoſthene auoit accouſtumé de dire pour faire comprendre ſon importance, qu'elle eſtoit la premiere, la ſeconde, & la troiſieſme partie du Bien dire. Auſſi eut-il pour Precepteurs, outre ſes maiſtres en Rhetorique, vn certain Andronicus acteur de Comediens, qui

luy apprit, fi nous en croions
Quintilien, tout ce qui impor- l. II. l.II.
toit à la recitation, & vn autre c. 3.
Satyrus du mefme meftier, lequel, à ce que tefmoigne Plu- in vita
tarque, repetant des vers de So- Dem. &
phocle & d'Euripide que Demofthene auoit defia recitez, luy
fit reconnoiftre l'importance de
la Prononciation, parce qu'il
fembloit que ce fuffent d'autres
vers que ceux qu'il venoit de dire. Ciceron fe foufmit depuis à
fon exemple aux preceptes de
Rofcius aufsi Comedien, pour re-
prefenter les moindres affections,
& d'Efope le Tragedien, pour
exprimer les plus grandes. Et
nous fçauons que l'Orateur Hor-
tenfius, qui conteftoit à Ciceron
le premier rang entre ceux de

leur profession, fut si excellent en cette partie de la Prononciation, qu'on ne trouuoit rien dans ses compositions escrites qui respondit à cette haute estime qu'il auoit acquise de viue vois en les animant par l'action.

Et parce qu'à parler exactement la vois fait la Prononciation, comme le Geste fait l'action de celui qui declame ; considerons premierement ce qui concerne la vois, qu'on peut dire qui precede, puisque les Gestes ne font que pour l'accompagner.

L'on ne sçauroit douter des aduantages d'vne belle vois, sans rémoigner qu'on est pourueu de fort mauuaises oreilles. Elle a le pouuoir de gaigner nostre attention dés les premiers mots qu'elle

qu'elle articule ; & elle eſt ſi im- l. 13. c. 19.
portante au ſuiet que nous trait-
tons, qu'on peut voir dans Au-
lu-Gelle cóme les plus éloquens
hommes ont touſiours fait profeſſion de paſſer par deſſus toutes
les regles de Grammaire, pour
ſatisfaire à l'oreille, & en faueur
de cet agreable ton de vois qu'il
n'a peu exprimer que par le ter-
me Grec *d'Euphonie*, dont nous
ſommes auſſi contrains de nous
ſeruir.

Il eſt vrai qu'elle dépend ordinairement des faueurs de la Nature, mais l'on a ſouuent veu que
l'Art a ſuppleé ce qui manquoit
à ceux qui n'auoient pas eſté tant
gratifiez. Car ſans parler du re-
gime qui la fortifie, ni de tout ce
qu'on preſcrit à ceux qui l'ont

foible de naiſſance ; ne ſçauons nous pas que Demoſthene fut ſi diſgracié pour ce regard, qu'il ne pouuoit pas ſeulement prononcer la premiere lettre de ſa profeſſion. Cette difficulté de langue luy fit mettre de petites pierres dans la bouche, afin qu'aiant ſurmonté en parlant vne double incommodité, la premiere toute ſeule luy donnaſt moins d'empeſchement lors qu'il harangueroit en public. Il acquit plus d'haleine qu'il n'en auoit en s'exerçant à prononcer de longues periodes, dans le tems qu'il montoit des lieux vn peu eſcarpez. Et tant pour cela que pour s'accouſtumer au bruit d'vn peuple le plus ſouuent tumultueux, nous apprenons qu'il prenoit plaiſir à declamer au bord de la mer, lors que fes flots agitez pouuoiét le rendre moins intelligible.

Le defaut naturel de Demofthene me fera remarquer en faueur de ceux qui ont auffi bien que luy la langue (comme nous difons) vn peu graffe, que ce begaiement bien mefnagé n'eft pas fort preiudiciable à la Prononciation. L'on dit au contraire que les filles y trouuent quelque delicateffe qu'elles affectent,

In vitio decor eft quædam male reddere verba. Cuid. 3. de arte am.

& perfonne n'ignore que toute la Grece trouua cette mefme difficulté, qu'elle nommoit *Labdacifme*, fort aggreable en la bouche d'Alcibiade, qui fut vn autre de ſes plus grands Orateurs.

Il n'en eſt pas de meſme de cette égalité de Prononciation que nous ſommes encore obligez de deſigner par le mot Grec *Monotonie*, puiſque le Latin ni le Fraçois ne luy en ont point donné. Car comme la Nature monſtre par tout qu'elle eſt grande amie de la diuerſité, l'on peut bien s'apparçeuoir qu'il n'y a rien qu'elle abhorre dauantage dans vn diſcours d'eloquence, ni par conſequent qui afflige plus l'oreille d'vn auditeur, que cette vniformité de vois, lors que ſans ſe hauſſer, ni s'abaiſſer, elle eſt touſiours pouſſée d'vne meſme teneur.

L'on doit neantmoins eſuiter de paſſer en cela iuſques à l'excez. Quelques-vns viennent par

fois à vn ton fi bas, fur tout à
la fin de leurs periodes , qu'on
en pert aifément les fens, ce qui
fatigue pour le moins, s'il ne met
dans l'impatience les plus atten-
tifs à ce qu'ils difent. D'autres
efleuent leur vois au contraire
auec tant de vehemence, & font
difcordans à eus - mefmes dans
vne telle extremité , qu'ils ente-
ftent tout le monde , & fe rendent par là prefque infupporta-
bles. Ceux - ci auroient befoin
d'eftre ramenez par quelqu'vn,
comme l'eftoit le plus ieune des
Gracches par fon feruiteur Lici-
nius, qu'on dit qui fe m'efloit parmi le peuple , & d'vn coup de
flageollet remettoit fon maiftre,
fuiet à s'éporter, au ton qu'il auoit
quitté, ou qu'il deuoit prendre.

La voix se doit accommoder au lieu où l'Orateur fait sa Declamation, & à la multitude de ses auditeurs, qui ne contribuë pas peu à l'Eloquence. Car cette noble faculté a quelque chose de l'humeur des Dames, qui ne se parent pas volontiers si ce n'est pour les grandes assemblées. Et l'Italien en ce sens a eu raisó de dire, *l'Eloquenza è da piazza.*

l'adiousterai que comme l'on voit des Declamateurs qui font paroistre trop de langueur dans leur discours, par des paroles traisnantes, & qu'on sent qui ont de la peine à sortir de leur bouche, aussi y en a t'il qui sont trauaillez du mal opposé à celuilà, d'vn flux de bouche, ou d'vne *Logodiarrhée*, pour vser du mot d'Athenée, qui n'est pas moins

l. 4 Dip nos.

reprehensible qu'vne pesante tar-
diueté. Il est bon d'auoir la bouche prompte & facile, mais non
pas precipitée, *promptum sit os,*
non præceps, dit Quintilien. Et selon la pensée d'vn plus ancien
que luy, s'il n'estoit question,
pour estre eloquent, que de parler viste, & de faire beaucoup de
bruit, les Hirondelles auroient
vn grand aduantage sur les plus
grands Orateurs. Thersite est re-
presenté par Homere pour le
plus grand parleur de tous les
Grecs. Son discours ressembloit
au ressort débandé d'vn resueille-
matin, qui ne s'arreste iamais qu'à
l'extremité. Et cependant personne n'escoutoit ce qu'il disoit
si coulemment qu'auec vn extré-
me dégoust.

G iiij

Mais pour preuue de ce que peut vne bouche eloquente, n'oublions pas l'action de la premiere femme de Louïs onsiesme, qui passant par vne sale où Alain Chartier s'estoit endormi, voulut honorer d'vn baiser non pas la personne, comme elle dit, mais la bouche de celui qui passoit pour le plus disert de son siecle.

Quant au Geste, il est si propre à la Prononciation, & il accompagne si vtilement la voix, qu'elles demeurent comme mortes sans luy. Son importance pourtant est bien plus reconnoissable lors qu'il parle tout seul, & que dans le silence mesme de l'Orateur il sert à l'expression de ses pensées. Vn tournement de la teste ou des yeux seulemét, vn frap-

pement du pied ou de la main,
pour ne rien dire de beaucoup
d'autres mouuemens du corps,
font entendre ce qu'vn fort long
diſcours ne nous expliqueroit
peut-eſtre pas ſi bien. Mais ne
nous eſtonnons pas que cela arriue aux recitations ordinaires,
puiſqu'il ſe trouue meſme vn
langage ſilencieux, où ſans prononcer la moindre parole l'on
ne s'entretient que par geſte.
C'eſt celui des anciens Panto-
mimes Grecs & Romains. La
pluſpart du trafic des Indes O-
rientales ſe fait auiourd'hui par
ſon moyen. Et la Porte du Grand
Seigneur le pratique encore tous
les iours. Les veritables muets, &
ceux qui les veulent imiter, y ont
leur éloquence qui s'enſeigne par

regles, & qui s'apprent auec autant de foin que la Greque ou la
Romaine. De forte que comme
la cour de ce Monarque eft pleine de merueilles, l'on y voit des
hommes fans langue Orateurs,
auffi bien que des Eunuches im-
pudiques & voluptueux. L'on
peut dire des premiers auec Caf-
fiodore qu'ils ont des mains tres-
babillardes, *loquacißimas manus.*
Et nous trouuerós moins eftran-
ge le pouuoir de ces mefmes
mains, & leur artifice, fi nous có-
fiderons que les Geftes inanimez
d'vne Peinture, ou d'vne ftatuë,
nous expriment beaucoup de
chofes, & nous font connoiftre
vne infinité de differens fenti-
mens.

L'Action de l'Orateur & fon

Geste s'enseignent par preceptes,& s'acquierent par habitude
comme les autres parties de l'E-
loquence. Ce fut pourquoy De-
mosthene, qu'on ne peut citer
trop souuent sur ce suiet, haranguoit par fois deuant vn miroir
pour s'y obseruer soigneusemét;
& qu'il fit bastir vne chambre
sous terre, où il passa deus ou
trois mois sans sortir, pour se
former sans distraction aus mouuemens du corps necessaires à
ceux de son mestier.

Le premier precepte de cette
Chirotonie, ou *Chironomie*, porte
que le Geste ne doit iamais pre-
ceder la parole, ni estre continué
depuis qu'elle a cessé. Quintilien
ne trouue pas bon qu'on l'esten-
de par trop iusques aus plis du

front, & de la bouche, ce qu'il
appelle *prononciationem vultuosam*.
La main, pour n'estre pas tenuë
indocte & rustique cóme il l'appelle ailleurs, ne doit iamais estre
leuée au dessus des yeux, ni ab-
baissée beaucoup au dessous de
l'estomach. C'est la droitte qui
doit auoir le principal emploi,
sans l'estendre plus loin vers l'autre costé qu'enuiron l'espaule. La
main gauche ne sçauroit estre
bien occupée toute seule à faire
aucun geste. Celuy-là fut accu-
sé d'auoir commis vn Solecisme
de la main, qui parlant du Ciel
móstroit la Terre, ou faisoit tout
le contraire monstrant le Ciel
quand son discours estoit de la
Terre. L'on approche du poul-
ce le doigt du milieu de fort bon-

L 1. c. 9.

ne grace, les autres trois demeu-
rant eſtendus. Ceux qui frappent
d'vne main ſur l'autre, ou qui s'en
donnét des coups ſur l'eſtomach,
ſont repris comme d'vne action
qui eſt trop de Theatre. Le hauſ-
ſement des eſpaules, auquel Demoſthene eſtoit ſuiet, ni leur có-
traction ne ſont gueres ſans me-
ſeance. Et pour les pieds, ſans les
tenir trop ioints on peut mettre
le gauche vn peu deuant l'autre,
mais ceux qui auancent le droit
auec la main du meſme coſté en
meſme tems, font vne mauuaiſe
poſture.

Ie ſçai bien que les Princes par-
lent preſque touſiours aſſis dans
les plus ſolennelles actions, & que
comme ils ſont au deſſus des lois
ciuiles, ils ne ſont pas pour s'aſſu-

iettir beaucoup à celles de la rhetorique. Si eft-ce qu'ils peuuent
fouuent fe preualoir de fes preceptes fort aduantageufement. Et
nous apprenós par l'hiftoire des
Païs-bas que Charles-Quint ha-
rangua debout appuié fur l'ef-
paule du Prince d'Oranges, lors
qu'il fe démit de tous fes Eftats
entre les mains de Philippe Second fon fils. Il faut d'ailleurs ob-
feruer qu'il prononça cette harangue fi celebre, en la lifant, ne
s'eftant pas voulu fier en fa memoire; ce qui preiudicie grandement aux graces qui doiuent accompagner l'action. Ciceron
neantmoins tefmoigne dans vne
de fes Oraifons, qu'il recita de
mefme par efcrit celle qu'il fit
au Senat apres fon retour d'exil,

orat. pro Plancio.

à cauſe qu'il la trouua trop longue pour eſtre appriſe par cœur.

Ces regles auſſi que nous auons
rapportées n'empeſchent pas que
de fort grands Orateurs ne ſe
ſoient diſpenſez par fois de leur
obſeruation, ſe laiſſant aller à de
grandes licences. Le plus ieune
des Gracches, dont l'eloquence eſtoit tout autrement vehe-
mente que celle de ſon aiſné, fut
le premier qui oſa ſe promener
en parlant dans la Tribune aus
harangues, ce qui monſtre qu'elle eſtoit fort ſpatieuſe ; & l'on a
remarqué qu'il fut auſſi le premier qui prit la liberté dans le
plus fort de ſon action de tirer
ſa robe de deſſus ſon eſpaule,
laiſſát voir ſon bras à nud. Auant
Cleon Athenien perſonne n'a-

uoit pris la hardieſſe non plus
d'ouurir ſa robe, ni de frapper
ſur ſa cuiſſe, ce qui va contre le
precepte du mouuement de la
main.

Il ne faut pas obmettre icy ce
que Plutarque a obſerué du pouuoir qu'eut l'Eloquence de ce
meſme Gracche, ſur tout par cette partie du geſte, ou de l'action.
Au lieu de ſe tourner en parlant
vers le lieu où eſtoit le Senat,
comme l'on auoit fait iuſques
alors, il prit vne autre poſture,
ſa perſonne auſſi bien que ſa parole s'addreſſant au peuple, &
par cette petite ſoupleſſe de
corps, il fit vn ſi notable chan-
gement dans l'Eſtat, qu'il rendit
le peuple plus conſiderable que
les Senateurs.

Pour

Pour le regard des habits dont
ces deux derniers exemples nous
font fouuenir, il importe beaucoup qu'ils n'ayent rien d'extrauagant, ni mefme d'extraordi-
naire. Et fi le Medecin doit s'ha-
biller conuenablement à fa pro-
feffion, felon qu'Hippocrate le
prefcrit dans vn liure fait exprés:
Il n'y a perfonne qui puiffe douter qu'vn Orateur ne foit beaucoup plus obligé à ne rien auoir
fur luy qui puiffe choquer, comme l'on dit, la veuë de fes auditeurs. Car l'habit decent donne
d'abord quelque bonne impref-
fion de celuy qui le porte, & par
confequent luy acquiert de la
creance. Le contraire arriue prefque toufiours à ceux qui ne font
pas veftus comme la bienfean-

H

ce le veut, & qui portent le manteau ou la robe autrement qu'il ne faut. Ils donnent mesme par fois lieu à des railleries, telles que fut celle de Ciceron, lors qu'il dit à Marc-Antoine qu'il n'y auoit point d'homme qui parlast plus ouuertement que luy, faisant allusion à l'ouuerture de son pourpoint qui exposoit indecemment son estomach à la veuë de tout le monde.

Or comme le deffaut d'action & de gestes tesmoigne vne impertinence meslée de stupidité, qui fut gentiment reprochée auec cette pointe à Callidius, *tu nisi fingeres, sic ageres?* parleriez vous si froidement si c'estoit tout de bon? L'excez aussi qu'on reprochoit à Hortensius, & qui

Philipp. 2

nous fait trop gesticulatifs, doit
passer pour vn vice ennemi de
la grauité, & capable mesme de
nous rendre ridicules. Les mouuemens desordonnez de Curion
firent demander à l'vn de ses ad-
uersaires s'il haranguoit dans vne
barque, *quis loqueretur è lintre* ? Et
ils donnerent lieu à la raillerie
d'vn autre qui dit au Cõsul Octa-
uius tout perclus de la goutte,
que s'il n'eust esté placé aupres
de Curion, il couroit fortune ce
iour là d'estre mangé des mou-
ches. L'on demãdoit à quelqu'vn
au sortir de la Tribune, où il s'e-
stoit presque tousiours promené,
combien il croioit auoir fait de
lieuës; ce qui a plus de pointe en
latin, *quot millia passuum declamaf-*
fet ? C'est ainsi que les vertus de

la Rhetorique font placées auffi
bien que celles de la Morale entre les deux extremitez du trop,
& du trop peu.

CHAPITRE XVII.

Du pris de l'Eloquence.

NOvs reconnoiſſons tous
les iours que les animaux s'entendent entr'eux par quelques
expreſſions imparfaites. L'homme a cela d'excellent qu'il explique ſes penſées par vn langage
articulé. Et l'on peut dire que
celuy qui s'en acquitte le mieux
a le meſme auantage entre les
hommes, qu'il peut pretendre ſur
le reſte des creatures. L'Eloquéce
eſt celle qui nous le donne. Quiconque la poſſede peut ſe vanter
d'auoir vne eſpece d'empire parmi nous d'autant plus conſidera-

H iij

ble, qu'il le peut exercer en tous
lieux aussi bien qu'à toutes heu-
res. Et ie trouue que les anciens
auoient raison de reprensenter
sans mains les statuës de Mercure, puisque la belle parole, dont
il estoit le Dieu, acheue sans peine, & sans y emploier la force,
tout ce qu'elle entreprent. En
effet il n'y a rien que le fer & le
feu executent dans vne armée,
dont l'Eloquence ne se puisse
vanter de venir à bout dans vne
assemblée d'hommes raisonna-
bles. Pericles n'estoit pas moins
obey sur sa parole dans Athenes,
que Pisistrate armé. Et nous sça-
uons que Godefroy de Büillon
ne fit qu'acheuer de conduire à
sa perfection, ce que le Bien-dire
de Pierre l'Hermite auoit fait

conclure auparauant, comme
l'on dit que les victoires de Ma-
thias Coruin n'estoient que des
suittes, de ce que les harangues
de Iean Capistran auoient obte-
nu du courage de ses soldats. C'est
ce qui doit particulierement faire estimer l'Eloquence à vn Prince, puis qu'il peut souuent tirer
d'elle seule d'aussi grands effets,
que des trouppes les plus nom-
breuses, & les plus aguerries.
Et que n'ont point fait par son
moien Cesar & Alexandre? dont
nous ne lisons iamais les victoires
qu'apres auoir admiré de quels
discours ils auoient sçeu animer
au combat leur milice? En verité l'on ne voit gueres de grands
euenemens dans toutes les hi-
stoires, qu'on ne doiue rappor-

ter à ce principe , & où l'Eloquence n'ait eu la meilleure part.
Et parce qu'il n'y a point de le-
cture profane, ou sacrée, qui n'en
donne vne infinité d'exemples, ie
m'abstiendrai d'en rapporter ici,
pour ne grossir pas inutilement
ce volume. M'estant aussi desia
expliqué dans mes considera-
tions sur l'Eloquence Françoise
de ce tems, des grands & extraor-
dinaires effets de cette supreme
faculté ; ie ne veux pas tomber
ici dans des redites que ie tasche-
rai tousiours d'esuiter, & dont ie
me suis esloigné autant que i'ay
peu dans tout ce petit Traitté.

F I N.